BEI GRIN MACHT SICH IHR WISSEN BEZAHLT

- Wir veröffentlichen Ihre Hausarbeit,
  Bachelor- und Masterarbeit

- Ihr eigenes eBook und Buch -
  weltweit in allen wichtigen Shops

- Verdienen Sie an jedem Verkauf

Jetzt bei www.GRIN.com hochladen und kostenlos publizieren

Martin Schultze

Gouvernementalität - Zur Klärung des Begriffs

GRIN Verlag

Bibliografische Information der Deutschen Nationalbibliothek:

Die Deutsche Bibliothek verzeichnet diese Publikation in der Deutschen National-
bibliografie; detaillierte bibliografische Daten sind im Internet über http://dnb.d-
nb.de/ abrufbar.

Impressum:

Copyright © 2009 GRIN Verlag GmbH
Druck und Bindung: Books on Demand GmbH, Norderstedt Germany
ISBN: 978-3-640-34826-8

Dieses Buch bei GRIN:

http://www.grin.com/de/e-book/128793/gouvernementalitaet-zur-klaerung-des-
begriffs

GRIN - Your knowledge has value

Der GRIN Verlag publiziert seit 1998 wissenschaftliche Arbeiten von Studenten, Hochschullehrern und anderen Akademikern als eBook und gedrucktes Buch. Die Verlagswebsite www.grin.com ist die ideale Plattform zur Veröffentlichung von Hausarbeiten, Abschlussarbeiten, wissenschaftlichen Aufsätzen, Dissertationen und Fachbüchern.

Besuchen Sie uns im Internet:

http://www.grin.com/

http://www.facebook.com/grincom

http://www.twitter.com/grin_com

Fachbereich 03 - Institut für Politikwissenschaft

Seminar: Government – Governance-
Gouvernementalität – Regieren im Wandel

Wintersemester 2008/09

Gouvernementalität – zur Klärung des Begriffs

Abgabe der Verschriftlichung: 23.03.09

Autor

Martin Schultze

Studiengang: Master Politikwissenschaft (3. Fachsemester)

Inhaltsverzeichnis

1. Einleitung

Im Studienjahr 1977/78 hielt Foucault die Vorlesung „Sicherheit, Territorium, Bevölkerung", in dessen Verlauf er versucht eine Geschichte der Gouvernementalität zu skizzieren (vgl. Foucault 2000: 64). Sein Begriff der Gouvernementalität ist dabei mehrschichtig und verweist auf unterschiedliche Handlungsformen und Praxisfelder, die in vielfältiger Weise auf die Lenkung und Leitung von Individuen und Kollektiven zielen (vgl. Kammler et al. 2008: 260). Regierung wird dabei verstanden als umfassender Begriff. Es lassen sich anhand dieses Konzeptes verschiedene Analyseperspektiven einnehmen. Im angelsächsischen Bereich knüpfen unter dem Label „governmentality studies" mehr oder weniger lose Wissenschaftlerinnen und Wissenschaftler an den Begriff der Regierung von Foucault und seiner Machtanalytik an (vgl. Bröckling et al. 2000: 7).

In der deutschsprachigen Politikwissenschaft – anders als in den benachbarten Disziplinen wie der Soziologie und Geschichte – findet erst seit der jüngsten Vergangenheit eine historisch sozialwissenschaftliche Auseinandersetzung mit den Arbeiten Foucaults und einer Übertragung auf dediziert politische Fragen statt, die eine vormals philosophisch-akademische Diskussion zunehmend ablöst (vgl. Reichert 2004: 13). Diese neue Forschungsrichtung ist gekennzeichnet durch verschiedene Ansätze und Lesarten von Foucaults Werken. Selbst über die Wortherkunft „gouvernementalité" herrscht kein Konsens. Bröckling et. al (2000: 8) interpretieren das Wort als semantische Verbindung von Regieren („gouverner") und Denkweise („mentalité") und übersetzen es mit Regierungsmentalität, während Sennelhart (vgl. Foucualt / Sennelhart 2004: 564) diese Ableitung als Fehldeutung ansieht, da gouvernementalité etymologisch von „gouvernmental" (die Regierung betreffend) stammt.

Foucault verwendet für seine Analysen eine genealogisch-kritische Diskursanalyse. Sein Diskursmodell „lenkt die Aufmerksamkeit auf die „Bedingungen", die dazu führen, dass sich Dinge als wissenschaftliche Gegenstände und Aussagen als wissenschaftliche Wahrheiten konstituieren" (Kerchner 2006a: 49). Genealogisch vorgehen bedeutet dabei, durch geografische und zeitliche Ausweitung der Analyse den Maßstab zu relativieren um eine andere Perspektive auf die Dinge einzunehmen und übergeordnete Redeordnungen zu entdecken. Foucaults Analysen sind deshalb immer historisch und international vergleichend. Die Herausarbeitung der Diskurse ist das Ziel, keine Begriffsgeschichte oder Theoriebildung.

Dieser Aspekt ist allerdings besonders schwierig, da ein diskursanalytisches Vorgehen abverlangt, dem rational entscheidenden Akteur mit Skepsis zu begegnen (vgl. Kerchner 2006b: 160). Die dahinterliegende Redeordnung könnte z.b. an einem anderen Ort oder zu einem anderen Zeitpunkt entstanden sein. Diese Art zu denken liegt auf einer anderen Ebene als hermeneutisches Verstehen oder kausales Erklären und es ist ungewohnt damit nach den Voraussetzungen und Wirkungen des Politischen zu fragen (vgl. Kerchner/Schneider 2006: 17). Für die Analyse des Problems der Regierung zeigt Foucault in der Vorlesungsreihe, wie ausgehend von Machiavellis Il Principe im Diskurs über sein Werk und der aufkommenden Anti-Machiavelli-Literatur eine übergeordnete Redeordnung über das Regieren entsteht, die sich damit beschäftigt wie regiert und Menschen geführt und geleitet werden sollen.

In den nachfolgenden Kapiteln der Verschriftlichung wird versucht, sich dem Begriff der Gouvernementalität zu nähern. Nach einer Definition wird die historische Analyse Foucaults über die Entwicklung verschiedener Rationalitäten des Regierens nachgezeichnet und abschließend der zentrale Begriff Macht aufgegriffen um daran einige Unterschiede zu Governancekonzepten aufzuzeigen.

2. Definition Gouvernementalität

In der Vorlesungsreihe 1977/78 entwickelt Foucault den Begriff der Gouvernementalität. Dieser Terminus ist extrem weit gefasst und soll ausdrücklich dreierlei umfassen (vgl. Foucault 2000: 64f.):

> „Unter ‚Gouvernementalität' verstehe ich die Gesamtheit, gebildet aus den Institutionen, den Verfahren, Analysen und Reflexionen, den Berechnungen und den Taktiken, die es gestatten, diese recht spezifische und doch auch sehr komplexe Form der Macht auszuüben, die als Hauptzielscheibe die Bevölkerung, als Hauptwissensform die politische Ökonomie und als wesentliches technisches Instrument die Sicherheitsdispositive hat."

Der erste Aspekt beschreibt Gouvernementalität als spezifisches Gefüge von Institutionen, Verfahren und Gewohnheiten zu einer bestimmten politischen Rationalität – der Biomacht. Demnach besteht die Kunst des Regierens darin, die Macht nach dem Vorbild der Ökonomie auszuüben um Menschen zu lenken. Diese Wissenschaft wird von Foucault charakterisiert als „kontinuierliches und vielfältiges Netz von Bezügen zwischen Bevölkerung, Territorium und

Reichtum" (vgl. Foucault 2000: 62). Durch die Intervention der Regierung auf dem Feld der Ökonomie wandelt sich die Kunst des Regierens hin zu einer politischen Wissenschaft, die Techniken anwendet und als Bezugspunkt für ihr Handeln die Bevölkerung hat und nicht mehr auf die Erhaltung der Souveränität und das Regieren des Territoriums abzielt.

„Zweitens verstehe ich unter ‚Gouvernementalität' die Tendenz oder die Kraftlinie, die im gesamten Abendland unablässig und seit sehr langer Zeit zur Vorrangstellung dieses Machttypus, den man als „Regierung" bezeichnen kann, gegenüber allen anderen – Souveränität, Disziplin – geführt und die Entwicklung einer ganzen Reihe spezifischer Regierungsapparate einerseits und einer ganzen Reihe von Wissensformen andererseits zur Folge gehabt hat."

Foucault verwendet den Begriff Regierung in einer weiten Form. Regiert werden kann nicht nur der Staat, sondern auch die Familie, das Kloster oder die Schule (vgl. Foucault 2000: 47). Seine Vorgehensweise erlaubt es dann zu untersuchen, wie Machtverhältnisse sich historisch in Gestalt des Staates manifestieren konnten (vgl. Bröckling et al. 2000: 27). Die Idee, die Bevölkerung zu regieren, verschärft dabei die Begründung der Souveränität und die Notwendigkeit von Disziplin. Dementsprechend erlangt der Machttypus der Regierung der Biomacht eine Vorrangstellung, obwohl nicht eine Form die andere ablöst, sondern Souveränität, Disziplin und gouvernementale Führung ein Dreieck bilden (vgl. Foucault 2000: 64).

„Schließlich glaube ich, dass man unter ‚Gouvernementalität' den Vorgang oder eher das Ergebnis des Vorgangs verstehen sollte, durch den der Gerechtigkeitsstaat des Mittelalters, der im 15. und 16. Jahrhundert zum Verwaltungsstaat geworden ist, sich nach und nach ‚gouvernementalisiert' hat."

Neben einer möglichen Typologisierung von Regierungsformen, die auf verschiedenen Rationalitäten beruhen (vgl. Kapitel 3), wird im letzten Teil der Definition auch deutlich, dass die Regierung nicht als eine Technik, die vom Staat angewendet wird, verstanden werden sollte, sondern durch die Gouvernementalisierung des Staates der Staat selbst eine Regierungstechnik und damit eine dynamische Form gesellschaftlicher Kräfteverhältnisse darstellt (vgl. Bröckling et al. 2000: 27).

Insgesamt sollen drei Dezentrierungen durch das mehrschichtige Konzept der Gouvernementalität geleistet werden: (1) Eine Lockerung der Vorstellung des Staates von einer Institution hin zu einer Analyse des Staates als Handlungs- und Denkweise. (2) Eine Abwendung der inneren Gesichtspunkte des Staates und eine Hinwendung zu den äußeren

Strategien und Taktiken mit denen regiert wird sowie (3) der Verzicht auf die Vorstellung, dass der Staat – wie in dem klassischen Denken der Staatstheorie - etwas Vorgegebenes ist, dessen Gegenstand es lediglich zu konstatieren gilt (vgl. Kammler et al. 2008: 153).

3. Rationalitäten des Regierens

Foucault stellt durch seine historische Analyse fest, dass es seit der Antike bis ins Mittelalter nie an Abhandlungen mangelte, die als Ratgeber für den Fürsten geschrieben wurden. Im 16. bis 18. Jahrhundert kommt es dann zu einer Verschiebung hin zu Abhandlungen über die Regierungskunst, die zwischen den Fürstenspiegeln und wissenschaftlich orientierten Abhandlungen stehen. Das Problem wie sich selbst regieren, wie regiert werden, wie andere regieren, mit welchem Zweck und mit welchen Methoden stellt sich zunehmend angesichts der Auflösung feudaler Strukturen und der Reformation sowie der daran anschließenden Gegenreformation (vgl. Foucault 2000 41f.). Durch sein diskursanalytisches Vorgehen der Analyse einer Vielzahl an Schriften aus dieser Zeit nach übergeordneten Gemeinsamkeiten, stellt Foucault fest, dass die aufkommenden Abhandlungen über die Regierungskunst ihre Verortung dadurch vornehmen, dass sie sich implizit oder explizit gegen Machiavellis Il Principe richten, welches wiederum nur stellvertretend für eine Vielzahl an Fürstenratgebern steht.

Die Fürstenspiegel drehen sich um die Legitimation des Souveräns. Das Verhältnis des Fürsten bei Machiavelli ist durch Singularität, Exteriorität und Transzendenz gekennzeichnet, d.h. es gibt nur einen einzigen Herrscher, neben dem keine weiteren Platz haben und dieser ist nicht Teil seines Reiches, sondern steht außerhalb. Im Gegensatz zu vormodernen Regimen, bei dem sich die Stellung des Herrschers durch göttliche Berührung ergibt, nimmt der Fürst im Mittelalter zwar auch eine äußerliche Position ein, diese ist aber nicht göttlicher, sondern strategischer Natur (vgl. Kammler 2008: 124). Dadurch gibt es keine natürliche oder rechtliche Zusammengehörigkeit zwischen Fürst und Fürstentum. Der Herrscher hat das Land geerbt, erobert oder erworben, weshalb seine Stellung stets gefährdet ist. Es gibt nämlich keinen natürlichen Grund, warum die Menschen den Fürsten als Herrscher akzeptieren sollten, weshalb das Ziel der Machtausübung des Fürsten sein wird, sein Fürstentum zu erhalten, zu stärken und zu schützen (vgl. Foucault 2000: 45). Diese Form des Regierens bei der es dem Fürsten um den Machterhalt über sein Territorium geht, kann als souveräne Macht bezeichnet werden, deren zentrale Technologie des Regierens das Gesetz ist (vgl. Oels 2005: 191).

Im Text „Le Miroir politique, contenant diverses manières de gouverner" von Guillaume de la Perrière erkennt Foucault dann den ersten Vertreter einer antimachiavellistischen Literatur, der die Singularität des Fürsten bestreitet, denn die Regierung eines Staates durch den Fürsten ist nur eine mögliche Regierungsform. Auch der Lehrer regiert seine Schüler, der Familienvater die Familie oder der Superior das Kloster, so das es eine Pluralität an Regierungsformen gibt, die sich innerhalb des Staates überschneiden (vgl. Foucault 2000: 47).

Foucault interessiert sich im Folgenden für die Regierungsform, die nach und nach sich des Staates im ganzen bemächtigen wird und untersucht am Beispiel des Textes „l'Economique du prince" von Francois de La Mothe Le Vayer von 1653, wie die Regierungsformen in dieser Zeit typologisiert werden. Es zeigen sich drei Formen des Regierens: „die Regierung seiner selbst mit der Moral, zweitens die Kunst, in angemessener Weise eine Familie zu regieren, mit der Ökonomie und schließlich die Wissenschaft, den Staat gut zu regieren, mit der Politik" (Foucault 2000: 47).

Dabei gibt es eine aufsteigende und absteigende Kontinuität. Aufsteigend in dem Sinne, dass in der Zeit die Ratgeber an den Fürsten so gestaltet sind, das postuliert wird, das der Fürst zunächst sich selbst regieren muss, auf einer weiteren Stufe die Familie und den Besitz um am Ende den Staat regieren zu können. Die absteigende Kontinuität hingegen besagt, dass die gute Regierung des Staates bis in die Lebensführung der Familien und Individuen hineinwirken soll. Diese absteigende Kontinuität taucht in dieser Zeit erstmals unter dem Namen „Policey" auf. Die Polizei dient dabei der Versorgung der Bevölkerung mit allem Notwendigen mit dem Ziel, die Menschen zum größten Glück zu führen. Dabei kümmert sie sich sowohl um das Wohl der Seele als auch des Körpers und stellt damit eine Rundumversorgung dar (vgl. Kammler 2008: 126).

Dabei stellt sich die entscheidende Frage zu dieser Zeit, wie die Ökonomie der Familie, also das Lenken der Individuen zum Vermehren von Reichtum, auf die politische Amtsführung und das gute Regieren des Staates übertragen werden kann. Die Kunst des Regierens besteht nämlich darin, die Macht nach dem Vorbild der Ökonomie zu organisieren. Diese Einführung der Ökonomie auf der Ebene des Staates macht es nötig, die Reichtümer und die

Lebensführung jeder einzigen Person unter eine Form von Überwachung und Kontrolle zu stellen, die ähnlich gelagert ist wie die Aufsicht des Familienvaters über seine Familie (vgl. Foucault 2000: 49). Diese Form der Regierungskunst bzw. Rationalität des Regierens kann als Disziplinarmacht bezeichnet werden, deren Ziel es ist durch Kontrolle, Überwachung und Disziplinierung über Menschen und Dinge zu verfügen, um sie einem angemessen Regierungszweck zuführen zu können (vgl. Oels 2005: 191).

Die Zielscheibe der Macht richtet sich dabei nicht wie bei Machiavelli auf das Territorium und seine Bewohner, sondern auf einen Komplex aus Menschen und Dingen, deren Zuführung zu einem angemessenen Zweck eine Vielheit an spezifischen Zielen impliziert. Um diese zu erreichen, treten neben das Gesetz eine Vielzahl verschiedenenartiger Taktiken. Dabei ist der Merkantilismus die erste Rationalisierung der Ausübung der Macht als Praktik des Regierens, der wiederum aber auch dazu beigetragen hat, die Ausbreitung der Regierungskunst zu blockieren. Neben diesem Aspekt waren des Weiteren der Dreißigjährige Krieg, große Aufstände der Bauern und städtischen Bevölkerung, sowie eine Finanz- und Versorgungskrise im 17. Jahrhundert Gründe, warum die Fortentwicklung der Regierungskunst blockiert wurde, da sich in dieser Zeit immer noch am Problem der Souveränität und der Machtausübung als Ausübung von Souveränität orientiert wurde (vgl. Foucault 2000: 57).

Erst im Übergang vom 17. zum 18. Jahrhundert erfolgt eine Aufhebung der Blockade durch eine demografische Expansion, monetärer Überfluss und Ausweitung der landwirtschaftlichen Produktion. Durch die Entdeckung der Bevölkerung und ihrer eigentümlichen Phänomene wird es möglich, die Familie als Modell der Regierung abzulösen und lediglich als Instrument zu gebrauchen und die Ökonomie auf die Stufe des Staates zu heben. Eine wichtige Rolle spielt dabei die Statistik, mit deren Hilfe sich die demographischen, ökonomischen und medizinischen Verhältnisse der Bevölkerung quantifizieren lassen und somit Regelmäßigkeiten und der spezifische Charakter der Bevölkerung festgestellt werden können (vgl. Foucault 2000: 60). Ziel des guten Regierens muss es sein, die Kräfte und Fähigkeiten der Bevölkerung zu optimieren und zu nutzen. Eine solche Rationalität des Regierens, deren Ziel es ist die Situation der Bevölkerung zu verbessern, ihre Reichtümer, Lebensdauer und Gesundheit zu vermehren, bezeichnet Foucault als Biomacht (vgl. Oels 2005: 191). Als Wissensformen dienen dabei die von der Familie abgetrennte, nunmehr politische Ökonomie sowie die Statistik. In diesem Umkreis wandelt sich auch die Kunst des Regierens zu einer politischen Wissenschaft, die eine autonome Rationalität darstellt und nicht auf theologischkosmologischen Prinzipien oder aus der Person des Fürsten und seiner Souveränität abgeleitet werden kann (vgl. Bröckling et al. 2000: 11).

Wichtig dabei ist, dass nicht die eine Rationalität des Regierens die vorherige ablöst, sondern vielmehr die souveräne Macht des Mittelalters von der Disziplinarmacht im 16. Jahrhundert und diese von der Biomacht ab dem 18. Jahrhundert ergänzt wird. Die Biomacht versucht beispielsweise Einfluss auf die Bestrebung jedes einzelnen Körpers durch Disziplinierung zu nehmen, aber auch gleichzeitig die gesamte Bevölkerung zu regieren. Die drei Rationalitäten des Regierens bilden demnach ein Dreieck, welches die Bevölkerung regiert (vgl. Oels 2005: 191).

Foucault setzt die Reihe an Gouvernementalitäten fort und unterscheidet in westlichen Industriestaaten eine liberale und nach dem zweiten Weltkrieg eine vermehrt neoliberale Gouvernementalität. Rose (1993) spricht im letzteren Falle von einem Konzept „fortgeschrittenen liberalen Regierens", welches momentan in der westlichen Welt vorherrsche. Ziel der Regierung ist es Märkte zu schaffen und durch eine Regulierung ein reibungsloses Funktionieren der Märkte zu gewährleisten sowie staatliche Bürokratie abzubauen (vgl. Oels 2005: 193).

4. Macht in Gouvernementalität- und Governancekonzepten

Foucaults Schriften werden oft als „Machttheorie" begriffen, aber es lassen sich auch andere Lesarten von Foucault ausmachen (vgl. Kerchner 2006b: 145). Dennoch ist Macht ein zentraler Begriff, auch um das Wirken der Rationalitäten der Regierung zu verstehen und somit stellt sich die Frage, welche Konzeption von Macht Foucault vor Augen hat. Üblicherweise wird in den stärker auf Institutionen gerichteten politikwissenschaftlichen Theorien der 1970er Jahre der Machtbegriff Max Webers zu Grunde gelegt:

> „Macht ist jede Chance, innerhalb einer sozialen Beziehung den eigenen Willen auch gegen Widerstand durchzusetzen, gleichviel, worauf diese Chance beruht" (Weber 2006: 62).

Macht wirkt hier vor allem negativ und zentralisierend durch Gesetz und Verbot. Diese Vorstellung würde nicht zu den Gedanken Foucaults über die Regierung und den Staat als

7

Denk- und Handlungsweise passen. Foucault bricht mit dieser Vorstellung von Macht, er will die vertrauten Rationalitätsfiguren der Aufklärung ablösen und stellt zugleich die Frage in den Mittelpunkt, wie Macht beschaffen ist und wie sie die Individuen erreicht. Für ihn ist Macht dabei konstitutiv und produktiv (vgl. Oels 2005: 186).

Digeser (1992: 978-979) differenziert zunächst nach drei Gesichtern der Macht: Bei der ersten Machtkonzeption liegt die Macht darin, dass Subjekt A Subjekt B zwingt etwas zu tun, was er sonst nicht tun würde, während das zweite Gesicht der Macht sich darin zeigt, dass A auch eine Handlung von B erfolgreich verhindern oder verbieten kann. In der Realisierung oder Nichtrealisierung von Handlungschancen lässt sich deutlich das Webersche Konzept von Macht als Durchsetzung des Willens wiederfinden. In einer dritten Variante hat Macht keinen ausschließlich repressiven, sondern zusätzlich manipulativen Charakter. B entscheidet aus freien Stücken etwas zu tun, was A möchte, dass aber eigentlich gegen die Interessen von B gerichtet ist. Dieses Gesicht der Macht bezeichnet Digeser in Anlehnung an Lukes (1974: 23) als eine radikale Konzeption von Macht.

Die vierte Konzeption von Macht – der Machtbegriff von Foucault – unterscheidet sich gegenüber den anderen Gesichtern der Macht darin, dass in seiner Konzeption ein anderes Verständnis der Beziehung zwischen Macht und Subjekt zu finden ist. Weiterhin unterscheidet sich die Ausübung und Manifestation der Macht. Stehen bei den ersten drei Konzeptionen die Fragen im Vordergrund, wer Macht über wem ausübt und welche Interessen bedient oder beschädigt werden, fragt Foucaults Machtbegriff danach, welche Art von Subjekt durch Machtausübung produziert wird.

Macht nach Foucault ist also keine akteursgebundene Qualität, welche dem Akteur per se anhaftet, sondern eine strategische Situation in der sich Akteure befinden. Dabei unterstellt Foucault die Allgegenwärtigkeit von Machtbeziehungen, die erst den gesellschaftlichen Raum strukturieren (vgl. Oels 2005: 186). Macht ist also insofern produktiv, als das sie die verschiedenen Positionen in denen sich Akteure befinden sichtbar macht. Dabei besteht Machtausübung darin Führung zu lenken, wobei Regieren die Führung der Führung ist. Macht „bietet Anreize, verleitet, verführt, erleichtert oder erschwert, sie erweitert Handlungsmöglichkeiten oder schränkt sie ein, sie erhöht oder senkt die Wahrscheinlichkeiten von Handlungen" (Kammler et al. 2008: 127). Als Instrumente der Machtausübung dienen nicht wie bei einer repressiven Machtkonzeption Gesetze und Gerichte, sondern Medizin, soziale Kontrolle und Psychologie in der Biomacht.

Mit Hilfe dieser Vorstellung von Macht lässt sich auch Kritik an Governancekonzepten üben. Zunächst besteht die Gemeinsamkeit der Konzepte darin, dass sie sich von der Vorstellung lösen, die Machtausübung mit der Absicht des Regierens als Akt der Souveränität zu verstehen. Damit heben sich beide Konzepte von der klassischen Staatslehre ab, die sich vor allem auf die Funktionsweise der Institutionen des Staates fokussiert und die Exekutive als Regierung ansieht. Governancekonzepte haben ein weites Verständnis von Regieren. Zwar bleibet der Staat ein wichtiger Akteur, aber nicht-staatliche Akteure werden zunehmend stärker in den Entscheidungsprozess eingebunden (vgl. Blumenthal 2005: 1151f., Lemke 2004: 64). Unter der Governanceperspektive gibt es also neben dem hierarchischen Modus des Regierens noch die Argumentation, Verhandlung und Kooperation in informellen Netzwerken als Muster der Interaktion zum Steuern und Koordinieren von Interdependenzen zwischen verschiedenen Akteuren (vgl. Benz 2004: 25).

Dabei stellt die Governance Forschung immer noch die alten Fragen an das Regieren. So beschäftigt sich ein Großteil der Studien mit der Frage, ob diese neuen Steuerungsformen effektiv und legitim sind. Da sich die Governance Forschung laut Oels nicht von dem repressiven Machtkonzept verabschiedet hat, gehen sie davon aus, dass der Staat durch die informellen Formen des Regierens weniger Macht hat. Tatsächlich könnte die Machtausübung aber lediglich subtiler geworden sein (vgl. Oels 2005: 187).

Mit dem Konzept der Gouvernementalität lässt sich diese Machtblindheit der Governance Studien aufdecken und andere Fragen abseits der Frage nach der Souveränität des Regierens stellen. Zeitdiagnostisch erscheint dann der Neoliberalismus nicht wie bei Governancestudien als die Expansion des Marktes in die Sphäre der Politik, was zu weniger Einfluss des Staates führt, sondern als die marktförmige Organisation des Regierens. Regiert wird demnach nicht weniger, sondern lediglich anders über die Schaffung von Märkten und deren Rahmenbedingungen. Mit Foucault fragend wäre dann interessant, welche Muster der Interaktion mächtiger oder weniger mächtig sind, welche Subjekte und Praktiken dadurch hervorgebracht werden und welche Rationalitäten des Regierens auf bestimmten Ebenen oder Politikfeldern dominant sind.

5. Zusammenfassung

Foucaults Begriff der Gouvernementalität, seine Gedanken zu Macht sowie seine Diskursanalyse als Methode ermöglichen es interessante, neue Fragen an bekannte politikwissenschaftlich relevante Themen zu formulieren. Eine neue Analyseperspektive auf das Problem des Regierens - die sich jenseits der beiden traditionellen Wissenschaftskonzeptionen befindet, zwischen denen sich die Sozialwissenschaften gewöhnlich verorten - kann aus den Schriften Foucaults gewonnen werden. Die aus historischen Quellen herausgearbeiteten Gouvernementalitäten können neben ihren drei Bedeutungen auch rein analytisch dazu verwendet werden, die verschiedenen Regierungsrationalitäten voneinander abzugrenzen und diese Unterscheidung als allgemeinen Analyserahmen für den Wandel des Regierens zu verwenden.

Diskursanalytisch zu untersuchen wäre dann, welche Rationalitäten des Regierens in bestimmten Politikfeldern oder Staaten dominierend sind, wie verschiedene Akteure mit bestimmten Mächten ausgestattet werden, wie verschiedene Domänen mit welchen Techniken, Praktiken und Wissensformen als regierbar oder verwaltbar konstituiert werden und welche Redeordnungen und Denksysteme dem zu Grunde liegen.

Ausgangspunkt dieser Überlegungen wäre, dass Machtbeziehungen allgegenwärtig und nicht akteursgebunden sind sowie in variablen Kombinationen mit wechselnder Intensität existieren.

Die Ergebnisse eines solchen Gegendenkens politikwissenschaftlicher Fragestellungen mit der Foucaultschen Diskursanalyse wären aufwändig, komplex und zu wenig eindeutig um sie für die alltägliche Politikberatung nutzbar zu machen (vgl. Kerchner / Schneider 2006: 25), gleichzeitig allerdings hoch spannend, um das Politische nicht nur aus der von uns vertrauten Perspektive und dazugehörigen Schemata wahrzunehmen.

6. Literaturverzeichnis

- Benz, Arthur (2004): Einleitung: Governance - Modebegriff oder nützliches Sozialwissenschaftliches Konzept? In: Benz. Arthur (Hrsg.): Governance – Regieren in komplexen Regelsystemen. Eine Einführung. VS Verlag für Sozialwissenschaften, Wiesbaden, 11-28.
- Blumenthal, Julia von (2005): Governance – eine kritische Zwischenbilanz. In: Zeitschrift für Politikwissenschaft 15, 2005, Nr. 4, 1149-1180.
- Bröckling, Ulrich / Krasmann, Susanne / Lemke, Thomas (2000): Gouvernementalität, Neoliberalismus und Selbsttechnologien. In: Bröckling, Ulrich / Krasmann / Susanne / Lemke, Thomas (Hrsg.): Gouvernementalität der Gegenwart. Studien zur Ökonomisierung des Sozialen. Suhrkamp, Frankfurt/Main 2000, 7-40.
- Digeser, Peter (1992) The Fourth Face of Power. In: Journal of Politics, 54 (4), 977-1007.
- Foucault, Michel (2000): Die „Gouvernementalität". In: Bröckling, Ulrich / Krasmann, Susanne / Lemke, Thomas (Hrsg.): Gouvernementalität der Gegenwart. Studien zur Ökonomisierung des Sozialen. Suhrkamp, Frankfurt/Main, 41-67.
- Foucault, Michel / Sennelart, Michel (Hrsg.) (2004): Geschichte der Gouvernementalität 1: Sicherheit, Territorium, Bevölkerung. Vorlesung am College de France 1977/78. Suhrkamp, Frankfurt am Main.
- Kammler, Clemens/ Parr, Rolf/ Schneider, Ulrich Johannes (Hrsg.) (2008): Foucault-Handbuch. Leben – Werk –Wirkung. Verlag J.B. Metzler, Stuttgart.
- Kerchner, Brigitte (2006a): Diskursanalyse in der Politikwissenschaft. Ein Forschungsüberblick. In: Kerchner, Brigitte / Schneider, Silke (Hrsg.): Foucault: Diskursanalyse der Politik. Eine Einführung. VS Verlag für Sozialwissenschaften, Wiesbaden, 33-67.
- Kerchner, Brigitte (2006b): Wirklich Gegendenken. Politik analysieren mit Michel Foucault. In: Kerchner, Brigitte / Schneider, Silke (Hrsg.): Foucault: Diskursanalyse der Politik. Eine Einführung, VS Verlag für Sozialwissenschaften, Wiesbaden, 145-164.
- Kerchner, Brigitte / Schneider, Silke (2006): „Endlich Ordnung in der Werkzeugkiste". Zum Potenzial der Foucaultschen Diskursanalyse für die Politikwissenschaft – Einführung. In: Kerchner, Brigitte / Schneider, Silke (Hrsg.): Foucault: Diskursanalyse der Politik. Eine Einführung. VS Verlag für Sozialwissenschaften, Wiesbaden, 9-32.
- Lemke, Thomas (2004): Governance, Gouvernementalität und die Dezentrierung der Ökonomie. In: Reichert, Ramon (Hrsg.): Governmentality Studies. Analysen liberal-demokratischer Gesellschaften im Anschluss an Michel Foucault. Lit, Münster, 63-73.
- Lukes, Steven (1974): Power: A Radical View. Macmillan Education, Houndsmills.
- Oels, Angela (2005) Rendering Climate Change Governable: From Biopower to Advanced Liberal Government? In: Journal of Environmental Policy & Planning, Vol.7, No.3, 185-207.
- Reichert, Ramon (2004): Einführung. In: Reichert, Ramon (Hrsg.): Governmentality Studies. Analysen liberal-demokratischer Gesellschaften im Anschluss an Michel Foucault. Lit, Münster, 11-32.
- Rose, Nikolas (1993): Government, authority and expertise in advanced liberalism. In: Economy and Society, 22 (3), 283-299.
- Weber, Max (2006): Wirtschaft und Gesellschaft. Voltmedia, Paderborn.